AF267020

AMIRAL MAXSE

LA QUESTION

FRANCO-ANGLAISE

DANS LA BOUCLE DU NIGER

Traduit d'un Article du " NATIONAL REVIEW "

PARIS

LIBRAIRIE GALIGNANI

224, RUE DE RIVOLI, 224

1898

LA QUESTION

FRANCO-ANGLAISE

DANS LA BOUCLE DU NIGER

OPINION D'UN ANGLAIS

AMIRAL MAXSE

LA QUESTION FRANCO-ANGLAISE

DANS LA BOUCLE DU NIGER

Traduit d'un Article du " NATIONAL REVIEW "

PARIS

LIBRAIRIE GALIGNANI

224, RUE DE RIVOLI, 224

1898

Tous droits réservés.

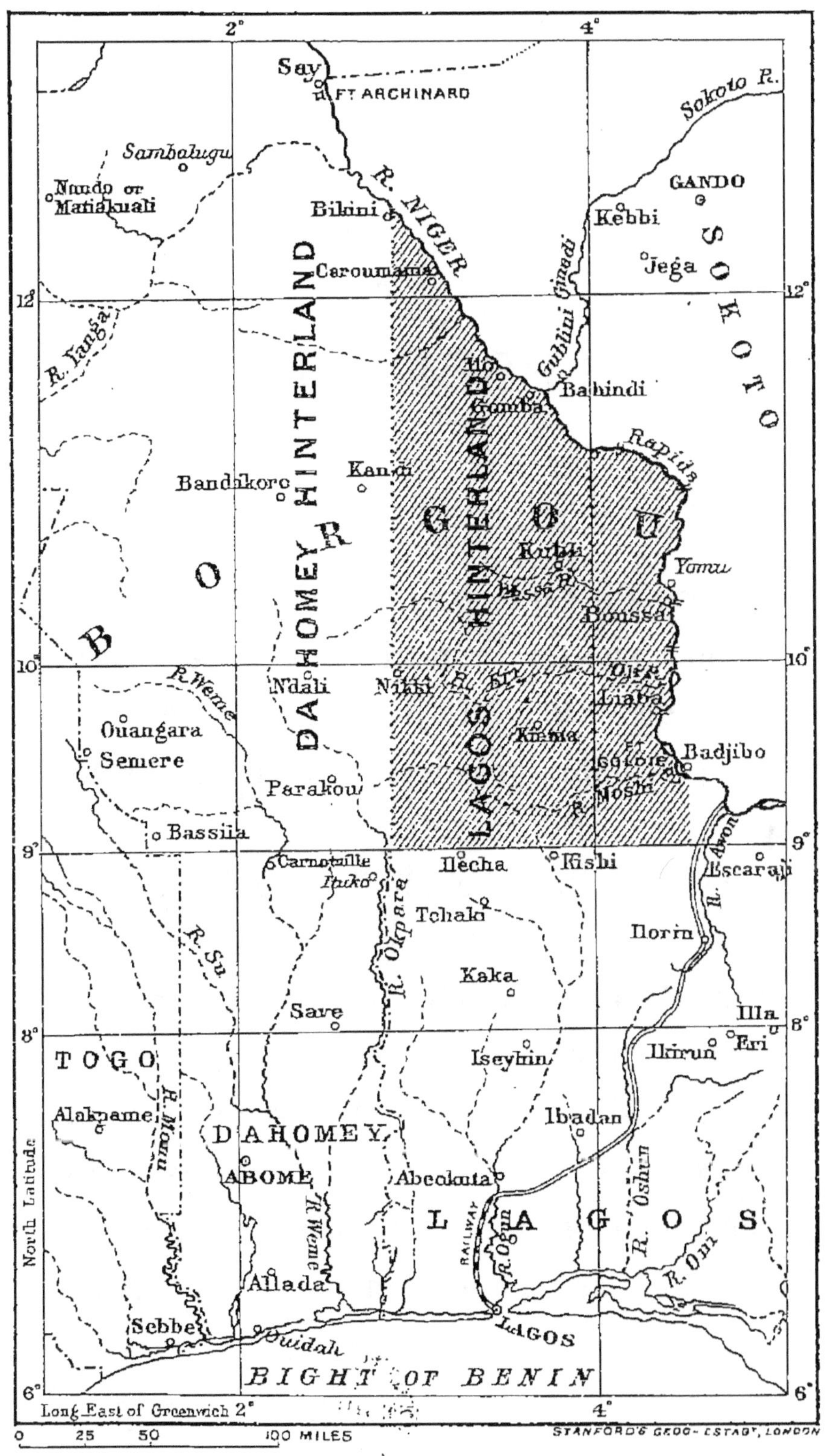

2°
4°
Say
FT ARCHINARD
Sokoto R.
Sambalugu
Nnudo or
Matiakuali
Bikini
GANDO
Kebbi
R. NIGER
Jega
Caroumama
SOKOTO
12°
12°
R. Yanga
DAHOMEY HINTERLAND
Guluni Gnadi
Mo
Bahindi
Gomba
Rapids
Bandakoro
Kandi
B O R
Kouki
Yamu
Pessa R.
B O
Boussa
G O U
HINTERLAND
U
B
10°
10°
R. Weme
Ndali
Nikki
Ojra
Liaba
Ouangara
Semere
Kama
Badjibo
Gobie
R. Moshi
Parakou
LAGOS HINTERLAND
Bassila
9°
9°
Carnotville
Ilecha
Kishi
Escarau
Ipuko
R. Okpara
R. Avon
Tchabi
Ilorin
R. Su
Kaka
Illa
8°
8°
Save
Eri
TOGO
Iseyhin
Ikirun
R. Oshun
Alakpame
Ibadan
R. Mono
DAHOMEY
R. Ogun
R. Oni
ABOME
Abeokuta
L A G O S
R. Weme
RAILWAY
North Latitude
Allada
Sebbe
Ouidah
LAGOS
6°
BIGHT OF BENIN
6°
Long East of Greenwich 2°
4°
0   25   50   100 MILES
STANFORD'S GEOG. ESTABT, LONDON

PRÉFACE

J'ose dire que les Anglais peuvent réclamer sur les Français une supériorité. C'est de désirer toujours connaître l'exposé de l'opinion adverse. Pour les Français il n'en est pas ainsi.

Les Anglais cherchent à se renseigner sur les arguments de leurs adversaires pour tâcher d'y découvrir un moyen de règlement amiable.

Sans doute nous sommes attachés à notre point de vue, mais au moins désirons-nous examiner les deux côtés de la question sur laquelle nous avons à nous prononcer. Chez nous les directeurs des journaux et des revues ne cessent d'inviter les écrivains français à exposer leurs vues devant le public anglais. M. André Lebon, récemment ministre des Colonies, a été invité par moi, il y a quelque temps, à exposer dans le *National Review*, au point de vue français, les différents aspects de diverses questions alors débattues entre la France et l'Angleterre. Son article a été publié dans le numéro du 1ᵉʳ mars 1894. M. Francis de Pressensé, qui traite dans le *Temps* les questions de politique étrangère, a été invité à écrire dans le *Nineteenth Century* et dans le *Daily Mail* des articles pour exposer le point de vue français dans l'affaire de la Boucle du Niger. Dans ce même esprit, qui caractérise notre amour du *fair play*, le Dʳ Markoff, écrivain russe bien connu, a été invité par le directeur du *National Review* à exposer le point de vue russe dans la question chinoise; et c'est ce qu'il a fait dans le numéro du 1er avril 1898. Mme Novikoff a inondé la presse britannique de ses articles en faveur de la politique russe.

Il n'est pas besoin de dire qu'aucun article exposant le point de vue anglais n'a été autorisé à paraître dans la presse de Saint-Pétersbourg. Cela s'explique dans un pays soumis au Gouvernement autocratique où il n'y a pas de liberté de la presse. A Paris, où la liberté de la presse est censée exister, il y a une exclusion aussi rigoureuse des opinions de l'étranger qu'à Saint-Pétersbourg même. On peut dire que le point de vue anglais d'une discussion entre la France et l'Angleterre demeure ignoré, en France, du public éclairé. Les Français sont aussi bienveillants qu'aucun peuple du monde, mais on ne leur fournit pas les moyens de se faire un jugement à eux dans une controverse anglo-française. Leurs journaux ne leur apportent pas la lumière. Bien loin de là, ils s'étudient à leur cacher tout ce qu'il leur peut être désagréable d'apprendre. Il suffit, comme argument, d'une phrase ou deux sur « l'avidité de l'Angleterre ». Le passage suivant que j'emprunte à l'*Illustration* est un exemple de ce qui tient lieu d'informations pour les lecteurs français des classes cultivées :

La modération pleine de fermeté que montre la France, et la hautaine arrogance dont fait preuve l'Angleterre dans cette querelle, tendent à prouver que, comme cela a lieu généralement en pareil cas, c'est la France qui a le bon droit pour elle, l'Angleterre n'ayant pour excuses que ses appétits et sa cupidité, qui lui tiennent lieu de tous droits.

Il est triste de penser que le public français soit ainsi induit en erreur. Le résultat, c'est qu'il n'y a pas de saine opinion pour détourner la France de s'embarquer dans une injuste querelle. Il n'y a pas de public pour favoriser une transaction. Les ambassadeurs français à Londres sont amenés par leur position officielle à prendre connaissance du point de vue anglais dans une controverse anglo-française et il leur arrive de découvrir un aspect totalement nouveau de la question. Souvent ils ont été entraînés par un esprit d'équité à faire des concessions. Quand cela s'est produit, ils ont perdu toute popularité dans leur pays.

L'article qu'on lira plus loin, — écrit par moi pour le *National Review*, — n'est que le simple exposé du point de vue anglais dans la question du Niger. J'ai tenu à le publier à Paris parce que je crois qu'il y a beaucoup de Français animés de sentiments de justice qui seront désireux de savoir ce que les Anglais ont à dire pour justifier leur attitude. L'ignorance engendre l'inimitié, que la connaissance des faits doit au contraire dissiper. Autant qu'on en peut juger par la presse française, les véritables données de la question du Niger ne sont pas connues en France.

Je m'attache à la croyance qu'une juste appréciation des conditions de l'affaire peut avoir pour effet d'arrêter des agressions et des refus de transactions qui ont créé une situation également dangereuse pour la France et pour l'Angleterre.

F. A. M.

LA QUESTION
FRANCO-ANGLAISE

DANS LA BOUCLE DU NIGER

> « Les commissions auront éga-
> lement pour mission de détermi-
> ner les zones d'influence respec-
> tives des deux pays dans *la
> région qui s'étend à l'ouest et au
> sud du moyen et du haut Niger*[1]. »
>
> *(Article de la Convention Franco-
> Anglaise du 5 août 1890.)*

Notre différend avec la France dans la question de la boucle du Niger est parvenu à un
état de crise depuis longtemps prévu par ceux
qui en ont observé le développement. Cela
devait nécessairement arriver en présence de
l'attitude que le gouvernement français a
constamment gardée. Cette attitude, qui a in-
quiété les amis de la France et réjoui ses en-

---

1. Je fais cette citation pour démontrer que la délimita-
tion de frontière devait être faite d'un commun accord.

nemis, s'est caractérisée par le refus absolu du gouvernement français de rien céder du droit qu'il s'attribue de faire selon son gré des incursions dans des territoires qui, par une proclamation officielle, par un accord international, non moins que par des traités locaux, avaient été placés sous le protectorat britannique. La vérité, — il est affligeant de le dire, — c'est que la France s'est comportée à notre égard dans l'Ouest Africain comme si elle avait été une puissance orientale dépourvue d'expérience en matière de rapports internationaux. Nous n'avons pas résisté par les armes parce que nous avons toujours supposé qu'un gouvernement civilisé à Paris exercerait son autorité et répudierait les affronts qui nous ont été infligés.

Nous jugions impossible que la France européenne pût se solidariser avec les violences et les méfaits d'une France africaine. Nos agents, dans l'Ouest Africain, ont simplement protesté et se sont retirés quand la France africaine envahissait et occupait leur territoire.

Les plaintes et les griefs ont été soumis
à notre gouvernement, qui les a transmis,
en des dépêches plus ou moins vives, au gouvernement français, ou, pour mieux dire, à
M. Hanotaux. Celui-ci, durant presque toute
la période où la question s'est aggravée, s'est
montré un ministre des Affaires étrangères
beaucoup plus puissant qu'un titulaire du
même portefeuille sous un autocrate. Nous
ne pouvons croire qu'il ait consenti à devenir
le jouet d'un parti chauvin en Afrique. Nous
devons, par suite, le tenir pour responsable
d'une situation qui risquerait de conduire à
une guerre entre l'Angleterre et la France.

Si M. Hanotaux avait agi autrement, un
arrangement amical serait depuis longtemps
intervenu. Nous ignorons quelle influence
peut l'avoir égaré. Personne, à Paris, ne juge
mieux que M. Hanotaux la presse quotidienne,
et l'anglophobie de la presse parisienne ne
saurait affecter ce ministre le moins du
monde ; mais il est au moins surprenant qu'un
homme de sa capacité, doué de bonnes in-
tentions, ne se soit pas donné la peine d'ap-

profondir les difficultés de l'Ouest Africain.

Pour les questions internationales, — à moins qu'elles ne soient menaçantes et imminentes, — il n'y a pas de « public ». S'il y avait eu un public anglais en éveil sur le différend de la boucle du Niger, l'incident n'eût jamais atteint la gravité actuelle. La nouvelle de l'occupation de Nikki et de Boussa, quand le gouvernement français avait obtenu l'assurance que nous n'enverrions pas de troupes dans le territoire disputé dont ces deux localités font partie, n'eût pas soulevé moins de stupéfaction que le bruit inopiné d'une surprise nocturne de Gibraltar. Mais il n'y a pas de public en éveil. Nous devons nous en consoler en songeant que si l'on faisait appel au pays, on y rencontrerait amplement la dose nécessaire de sens commun pour soutenir un ministre qui aurait agi avec sagesse et fermeté.

Plus que toute autre qualité, la fermeté est nécessaire dans la conjoncture présente. Le gouvernement, de son côté, est aux prises avec une tâche accablante, et, seule, la fermeté peut lui permettre d'en venir à bout. Tous ceux qui examineront le récit des événements, verront que jamais l'action de la diplomatie anglaise ne s'est exercée dans un cas plus sûrement fondé. Le gouvernement a agi constamment avec la patience la plus complète. A la vérité, notre patience a probablement été prise à tort pour de la faiblesse. Nos concessions ont conduit le gouvernement français à supposer que notre endurance serait sans limite. C'est notre condescendance qui a sans doute encouragé le gouvernement français à émettre le principe de ce qu'il appelle « l'occupation effective ». Cette délicieuse périphrase a été spécialement inventée pour les besoins de l'Ouest Africain ; elle sonne plus diplomatiquement que le mot dont elle tient lieu : — prise de possession. Elle répond d'avance à d'évidentes objections en suggérant l'idée d'une « non-occupation préalable ».

Chose curieuse : la France, avant de commencer ses conquêtes dans l'ouest de l'Afrique, à l'époque où elle voulait prévenir l'extension anglaise et allemande, fit mettre en avant, par son délégué à la Conférence de Berlin, une résolution tendant à ce que, sauf dans le périmètre fixé de la sphère d'influence. l'occupation ne constituerait aucun droit de propriété. Et le Congrès adopta cette résolution.

D'après quels principes la question de l'Ouest Africain aurait-elle pu se régler? — Il n'y en peut avoir que trois :

1º La théorie de « l'Hinterland », qui accorde la priorité de revendication sur les territoires situés à l'arrière de la colonie établie sur le littoral.

2º Le traité anglo-français de 1890, qui nous interdit d'outrepasser le nord d'une ligne de démarcation entre Say, sur le Niger, et Barua, sur le lac Tchad. Ce même traité — et c'est ainsi qu'il fut alors interprété par la France [1],

---

1. Le *Temps* publiait à cette époque une carte désignant comme « possessions anglaises » tout ce qui se trouve au sud de la ligne de Barua et constatait que Say était la limite sud de la zone d'influence française. Les *Débats*, alors, écrivaient: « Nous avons obtenu tout le haut Niger et le grand territoire longeant la rivière au-dessous de

comme par nous — interdisait également aux Français les excursions au sud de cette ligne.

3° Les traités antérieurs avec les chefs indigènes reconnaissant notre protectorat.

Comment le gouvernement français applique-t-il ces trois principes que nous avons recommandés et auxquels nous nous sommes soumis ? Le mieux est de dire la vérité : il les traite par la risée et le dédain.

Le gouvernement français ne condescend même pas à considérer la doctrine de l'Hinterland comme valide, si ce n'est dans la limite où on peut l'invoquer au bénéfice d'une colonie française. Il a obtenu notre entière adhésion à cette doctrine pour toutes ses colonies de la côte. Cela ne le satisfait pas. Son objectif a été, est toujours de retrancher l'Hinterland de nos colonies. Telle a été sa conduite dans les cas du Sierra-Leone et de la Gambie. On s'étonne qu'il se soit trouvé un

Say. *Au sud de ce point et du parallèle qui le traverse,* il y a des territoires qui semblent relativement riches et populeux ; *ceux-ci ne seront pas à nous. »* La *République française* disait : « *La ligne de Say au lac Tchad place le royaume de Borgu, Sokoto et Bornu dans la sphère anglaise.* »

ministère anglais pour signer un traité qui a ruiné ces deux colonies. Elles sont maintenant enveloppées de territoires français et circonvenues de tarifs hostiles. Car il faut bien se rappeler que nous avons pour méthode de tenir ouverts au commerce universel les ports ou territoires dont nous faisons l'acquisition, tandis que la France les entoure d'une muraille de tarifs.

Un coup d'œil sur la carte démontrera combien la situation de la Gambie est fâcheuse. Elle est confinée aux rives du fleuve et enclose dans le territoire français. Ce triste résultat est entièrement de notre faute. Si nous avions cédé, il y a quelque vingt ans, à la sollicitation des chefs indigènes, nous aurions étendu le bénéfice de notre influence sur tout le haut Niger.

Mais l'école de la « petite Angleterre » prévalait en ce temps-là. En 1865, une commission de benêts de la Chambre des communes adopta à l'unanimité la résolution « que toute nouvelle extension de territoire, ou de gouvernement, ou tout nouveau traité offrant une protection quelconque aux tribus indigènes, serait hors de propos ». Nous ne demandons aucune réparation pour ces deux colonies. Nous acceptons les conséquences de notre folie. Depuis que la Gambie est ainsi bloquée et paralysée, nous nous demandons s'il ne vaudrait pas mieux l'offrir en échange d'une possession équivalente. Ceci écarté, la question de la boucle du Niger doit être examinée en elle-même.

Le second principe, basé sur le traité anglo-français de 1890, — créant entre l'Angleterre et la France une frontière, dite ligne de Say-Barua, — a été appliqué exactement de la même façon que le premier.

Cette histoire semble procéder tout à fait de l'opéra bouffe. La frontière semble excellente aux Français, contre nos excursions, mais elle ne vaut rien contre les leurs ! Ils soutiennent solennellement que *la ligne de Say-Barua a eu pour but d'empêcher les Anglais d'aller au nord, mais non d'empêcher les Français de venir au sud.* Cet argument est absurde. Pourquoi a-t-on établi la ligne de

Say-Barua? Ne suffisait-il pas de désigner l'empire de Sokoto comme inclus dans la sphère anglaise? Say fut choisi comme point ouest extrême parce que son méridien correspondait à peu près avec la frontière orientale du Dahomey et franchissait le territoire actuellement en litige. A ce propos, il faut se rappeler que lord Salisbury, en expliquant les effets du traité à la Chambre des lords, insista particulièrement sur ce fait que si la France en retirait incontestablement de grands avantages, la Compagnie du Niger en recueillait aussi de grands bénéfices, surtout en ce qu'elle s'assurait la possession de Bornu, qui se trouve au sud de la ligne de Say à Barua. Depuis lors, et avant l'invasion française, la Grande-Bretagne avait fait des traités avec les chefs ou rois de Boussa, Kiama et Nikki, ainsi qu'avec d'autres potentats qui revendiquaient l'autorité dans le Borgu.

Ceci nous amène au troisième principe. Quelle attitude la France prend-elle au sujet des traités antérieurs? L'opéra bouffe continue.

Les traités que les Anglais ont conclus avec des chefs indigènes sont sans valeur, et peuvent être annulés par des traités français qui deviennent sacrés. Exemple : le capitaine Lugard précéda les Français à Nikki et conclut un traité. Une quinzaine plus tard les Français arrivèrent et remplacèrent ce traité par un autre de leur cru, qui est devenu un document sacré.

L'occupation de Nikki et de Boussa était indéfendable par un autre motif auquel j'ai fait allusion. En premier lieu, la France, parmi toutes ses réclamations, n'en a jamais, jusqu'à ces derniers temps, élevé aucune au sujet de Boussa ou dans cette région. Le zèle d'un officier français le conduisit, certain jour, à occuper Badjibo, une localité sur le Niger en dessous de Boussa. Notre gouvernement protesta, et l'expédition française fut retirée. L'opposition des Français, lorsque Boussa fut admise dans notre sphère d'influence, se basait sur ce que Boussa n'exerçait pas de domination sur le pays de Borgu. Leur politique était plutôt d'ériger Nikki en rivale de Boussa. Il est nécessaire d'expliquer que Boussa avait été librement ouverte à l'occupation des troupes du Niger. Si l'on renonça à cette occupation, ce fut uniquement sur les instances du roi, qui pendant plusieurs années avait reçu un subside de la Compagnie du Niger avec les agents de laquelle il était dans les meilleurs termes. Ce souverain redoutait des difficultés provenant des relations possibles avec les femmes du pays si les troupes étaient cantonnées à Boussa.

C'est pourquoi l'on fit choix de Liaba, un peu plus loin, en bas du fleuve, comme station militaire. Lorsque sir George Goldie entreprit sa campagne à Bida sur la rive orientale du Niger, le gouvernement français, craignant de voir soulever la question de frontière, en ce moment examinée par des commissaires, demanda que durant la discussion on ne fît pas avancer les troupes du Niger sur le territoire en litige. L'engagement en fut pris. Il était donc clairement et honorablement entendu qu'aucune des parties en discussion n'enverrait de troupes.

Nous pensions avoir affaire à la France européenne; mais, immédiatement, laFrance d'Afrique lança ses troupes en avant et prit possession du territoire contesté. Quand sir George Goldie eut terminé sa campagne avec succès, il se vit à la tête d'un superbe corps de troupes noires. Les Français s'étaient emparés de Boussa, — c'eût été une simple escarmouche de les en déloger. Sir G. Goldie s'en abstint, parce qu'il conservait la certitude que cette occupation serait immédiatement désavouée, comme on avait fait dans le cas de Badjibo. A l'étonnement de tous ceux qui avaient suivi les événements, le gouvernement français décida d'approuver cette incursion. Boussa est encore occupée par les troupes françaises.

La solution pacifique de notre débat avec la France dépend entièrement du point de savoir si Boussa est évacuée ou ne l'est pas. Cette évacuation est le moins que nous puissions demander. Après cela nous reprendrons les négociations. Tout le nœud de la situation est à Boussa. Les collisions, certes, peuvent être dangereuses, mais elles ne constituent pas le plus grand danger. Bien que nous nous soyons montrés jusqu'ici assez endurants, nous nous sommes redressés à propos de Boussa, et nous demandons le départ de la garnison française.

Personne ne suppose les Français dépourvus de la faculté de raisonner. Il est permis de se demander quelles raisons ils ont mises en avant pour résister aux réclamations si évidemment fondées de l'Angleterre? Le *Temps*, qui est l'organe renseigné du ministère français des Affaires étrangères, nous a donné une explication. Le *Temps*, comme presque tous les journaux français, est fortement anglophobe, mais ses articles sortent de l'ordinaire, et sont tout au moins sérieux. Il est extrêmement bien renseigné sur les affaires d'Afrique. Qu'est-ce donc que nous apprend cet intelligent vulgarisateur de la politique française dans l'Ouest Africain?

La raison donnée, c'est que la France est *obligée* « de pourvoir ses établissements au

Soudan et au Dahomey d'une issue sur la partie navigable du Niger ». D'où l'occupation de Boussa « est devenue impérieuse par les lourds sacrifices que la France a faits durant les quinze dernières années ». Cela, et rien de plus ! En ce qui concerne le dernier argument, — bien que je ne sois pas disposé à suivre de trop près l'analogie entre la conduite des nations et celle des individus, — c'est vraiment comme si l'on disait que quelqu'un ayant pris la propriété de son voisin revendique le droit de la garder parce qu'il s'est imposé de grosses dépenses pour s'en emparer.

Au surplus, dès la Conférence de Berlin, en 1884 « la partie navigable du Niger » fut publiquement reconnue comme appartenant exclusivement à la Grande-Bretagne. En conséquence, le principe de règlement international qui fut adopté pour la rivière du Congo fut expressément rejeté pour le Niger. L'application de l'acte de navigation fut, d'un consentement unanime, confié à l'Angleterre.

La liste de nos griefs contre la France est complète. Elle laisse, en apparence, si peu d'espoir d'un arrangement pacifique, qu'il semble superflu d'y ajouter, comme circonstance aggravante, le bruit d'une invasion de Sokoto[1], sur la rive gauche du Niger, et d'une nouvelle occupation française de Oua et Béria. Le royaume de Sokoto a été, par traité avec la France, placé sous le protectorat britannique. Oua est située dans l'arrière-territoire de notre colonie de la Côte d'Or, et se trouve actuellement occupée, paraît-il, par des troupes françaises et anglaises. Un poste militaire français, composé d'un officier subalterne et de trente soldats indigènes, a été établi à Oua pour surveiller les Anglais. Par suite, les drapeaux anglais et français flottent actuellement sur cette même ville. A Boréa, qui est occupée par une force anglaise, l'officier a été sommé d'amener le drapeau britannique. La demande fut naturellement re-

---

1. La question n'est pas de savoir si l'on a opéré une marche sur la ville de Sokoto, mais s'il y a eu invasion d'une partie quelconque du pays de Sokoto.

poussée, et la force française campa en dehors de la ville.

La gravité de la situation consiste en ceci, — que la France continue d'occuper le territoire disputé, et que nous sommes contraints de répartir des forces pour la tenir en échec. L'occupation effective ne peut rencontrer qu'un procédé analogue de notre part. La France européenne ou, en d'autres termes, le cabinet français, paraît n'exercer aucune autorité sur la France africaine.

La presse française, ignorante des fautes de son gouvernement, reste paisible, nous dit-on, et n'aperçoit aucun sujet d'alarme. Nous apprenons cependant que les expéditions françaises font toutes partie d'un plan originairement conçu et mis en œuvre par le gouverneur Ballot, qui craignait que la colonie française du Dahomey ne fût « bouclée en arrière », comme les Français l'avaient fait pour la Gambie et le Sierra-Leone. Le gouverneur avait arrêté le projet d'étendre l'hinterland du Dahomey en droite ligne jusqu'au Niger, à Say. Cela fut accompli. Nous avons

toujours admis les revendications des colonies françaises concernant leur Hinterland. Mais l'ambition du gouverneur s'accrut. Il alla jusqu'à étendre cette frontière à l'ouest, en s'appropriant l'Hinterland du Lagos. Le lieutenant Bretonnet fut envoyé au nord, et, parvenu à Ilo, sur le Niger, à mi-chemin entre Say et Boussa, cet officier français descendit le fleuve et occupa Gomba, Lafago et Boussa. Son rapport sur l'occupation de Boussa disait que le « sultan » de Boussa l'avait invité à occuper la ville, parce qu'un rival était soutenu par des forces anglaises. Le lieutenant Bretonnet, avec 150 tirailleurs, attaqua et détruisit les forces du rival. Sur quoi il occupa Boussa[1].

Qu'y a-t-il à faire? Jusqu'ici les négociations ont entièrement échoué.

En matière de négociation, l'idée française, comme on l'a vu, est de tout réclamer et de ne rien céder. Commissions après commis-

---

1. Pour les circonstances de l'occupation de Boussa par les Français, voir l'Appendice II, notamment ce qui concerne notre traité avec le roi de Boussa.

sions se sont réunies et ont péroré en vain. Une commission s'est assemblée en 1892 puis, de nouveau en 1894. A chaque fois les réclamations françaises sont devenues plus grandes. Ainsi, un jour (Conférence de 1892), il avait été convenu que l'extension du Dahomey au nord serait limitée au huitième parallèle. La France, cependant, retira le consentement qu'elle avait donné. En 1896, la proposition du gouvernement français stipulait que l'Hinterland du Dahomey irait au nord jusqu'au Niger, et que l'Hinterland du Lagos serait coupé par le huitième parallèle, le long duquel la frontière française serait établie [1].

Le véritable sens de cette proposition était qu'un protectorat français serait substitué dans le pays de Borgu à celui de l'Angleterre, qui avait été déclaré et notifié au gouvernement français le 1er janvier 1895. Il y avait dans cette proposition un sans gêne qui sem-

1. Ainsi les Français prétendent étendre leur Hinterland du Dahomey jusqu'à 400 milles et proposent en même temps de couper l'Hinterland anglais du Lagos à 200 milles de la côte.

blait détruire tout espoir d'un arrangement amical. Notre ferme désir d'arriver à une entente nous engagea cependant à prendre en considération un projet de frontière partant de la pointe nord-est du Dahomey, déviant du méridien vers l'est et s'avançant dans le nord jusqu'à Ilo, sur le Niger. Une telle ligne devait passer près de Nikki. Cette frontière aurait pu se tracer de façon à placer Nikki dans la sphère française. C'est là une concession qui, probablement, pourrait encore être accordée.

Les commissaires proposèrent alors de discuter une frontière basée sur des traités conclus avec des chefs indigènes. Ceci, toutefois, ne conduisit à rien. Il plaît aux Français d'ignorer les traités antérieurs. C'est pourquoi la Commission de 1896 mit fin à ses séances sans avoir rien accompli. Derechef une Commission a été convoquée cet hiver. Elle a négocié jusqu'en novembre pour arriver à un fiasco. La France a continué d'avancer et d'annexer le territoire disputé. Le cabinet français croit-il que nous pouvons être

insultés impunément, ou désire-t-il provo-
quer une guerre?

Nous avons protesté et plaidé en vain, et
lord Salisbury, au banquet de Guildhall de
l'année dernière, a clairement annoncé que
les bonnes relations des deux pays commen-
çaient à être en péril.

« Alors que nous désirons, a-t-il dit, nous
comporter en bons voisins, et montrer notre
respect des sentiments et des réclamations
des autres, nous sommes pourtant contraints
de dire que si nous avons fait preuve de ce
respect durant les dernières transactions, il y
a une limite à l'exercice de ces qualités par-
ticulières, et que nous ne pouvons permettre
que nos justes droits soient foulés aux
pieds. »

Ces paroles portèrent ombrage aux Français,
même des classes élevées, qui, ne sachant rien
de la question de l'Ouest Africain, déclarèrent
que c'était une « note de brutale » de nature
a faire voir que la Grande-Bretagne « ne
reconnaît pour seul argument que la force ».
L'application de ceci à la question de la boucle

du Niger est plutôt plaisante. Les Français n'ont eu confiance que dans « l'argument de la force ». Ils ont laissé à la Grande-Bretagne le monopole de l'argument moral.

Si nous avons fait ressortir le danger de voir se créer une situation qui pourrait à l'improviste nous amener la guerre, — une guerre qu'aucune des deux nations ne désire et ne pourrait pourtant éviter, — ce n'est nullement par chauvinisme ou dans une intention de menace. C'est le jeu des partisans de « la petite Angleterre » conduits par sir William Harcourt de prétendre qu'il y a dans le « Parti unioniste » des « hommes étourdis et téméraires » qui éprouvent le besoin « de combattre chacun et de tout prendre ». Ma conviction est qu'il n'y a pas de tels hommes. Mais il y a des hommes qui, pour disposés qu'ils soient à tous les sacrifices, — même jusqu'à la reddition de droits évidents, afin d'éviter l'odieuse calamité d'une guerre entre nous et la France, — croient cependant qu'il est une limite où devraient s'arrêter nos concessions, et que même la perspective du maintien de la paix ne ferait que grandir si nous indiquions le moment précis où cette limite est atteinte. J'ai la conviction que le gouvernement français évacuera Boussa. Que cet incident soit oublié. Ce n'est pas tout. En bonne justice l'expédition du lieutenant Bretonnet devrait être désavouée. Nous revendiquons le Niger depuis Boussa jusqu'à Ilo. La totalité de cette région est comprise dans l'Hinterland du Lagos et nous appartient aux termes du traité anglo-français de 1890. Nous pourrions faire des concessions au-dessus de Ilo, bien que le territoire — d'après les principes énoncés plus haut — soit à nous. Les hommes dont je viens de parler, et dans le parti desquels je sers, sont d'accord avec lord Salisbury sur les paroles tant citées qu'il a prononcées à Guildhall. Ils ne s'accordent pas avec sir William Harcourt.

Faire le récit des humiliations que nous a infligées le gouvernement français, montrer le ressentiment qu'elles ont provoqué, redire avec lord Salisbury que « nous ne pouvons supporter de voir fouler aux pieds notre bon droit », ce n'est ni du chauvinisme ni de la menace.

Cependant la France reste impassible. Les *Débats* disent froidement : « On est surpris en voyant de quels futiles incidents est provenu tout ce vacarme. » Il n'est nullement étonnant que les Français gardent leur tranquillité. Ils n'ont aucun sujet de ressentiment ; ils ont commis leurs invasions à nos dépens et sont en possession du butin. Le spoliateur qui a gardé sa conquête est ordinairement tranquille. C'est la victime dépossédée qui se plaint. C'est cette tranquillité même qui constitue le danger.

Les Français sont maintenus dans l'ignorance de ce qu'ont fait leurs fonctionnaires. On explique invariablement aux lecteurs habituels des journaux français que toute difficulté franco-anglaise n'est qu'une simple conséquence de « l'avidité britannique ». Est-ce trop d'espérer qu'à cette heure décisive quelques Français ayant autorité et indépendance examineront historiquement la conduite qui a été tenue à l'égard de l'Angleterre par la France officielle, et que, par leur intervention, on obtiendra quelque réparation pouvant assurer un arrangement amical? Rien ne nous réjouirait davantage. Je suis bien convaincu que si l'Angleterre s'était comportée envers la France comme la France s'est comportée envers l'Angleterre dans l'ouest de l'Afrique, le peuple français ne s'y serait jamais résigné aussi paisiblement que nous l'avons fait. Je crois, de plus, qu'il se serait formé chez nous un « parti anglais » assez fort pour insister en faveur d'une réparation et d'un règlement pacifique.

Aucun Anglais de bon sens ne désire une guerre avec la France. Nous avons prouvé de toutes manières notre désir de l'éviter, mais si la France continuait de nous faire la guerre, nous serions bien contraints de l'accepter. Personnellement, je ne puis envisager l'éventualité d'une guerre avec la France qu'avec la plus extrême horreur. Je l'ai toujours regardée comme ma seconde patrie, et mon espoir d'une « entente » anglo-française n'a jamais varié. J'ai été du petit nombre des

Anglais qui protestèrent contre l'annexion de l'Alsace-Lorraine. Si mon espoir d'une « entente » se trouve ébranlé, c'est parce que je suis arrivé à la conclusion que la France, — à en juger par la conduite de son gouvernement et le langage de ses journaux, — s'inspire d'une inimitié systématique contre l'Angleterre.

Nous avons rencontré une hostilité déterminée en Égypte, sur le haut Nil, à Terre-Neuve, au Siam, à Madagascar et dans l'ouest de l'Afrique. Nous avons vainement tenté de nous rendre la France propice par des concessions. Chaque concession a été acceptée comme un signe de faiblesse, puis oubliée. Nous avons laissé faire à Madagascar, à Tunis, au Siam, et, en d'innombrables occasions, dans l'Ouest Africain. Nous gardâmes le silence quand la France viola tous ses engagements concernant l'évacuation de la Tunisie. Il était amical de notre part d'agir ainsi, mais notre patience forme un frappant contraste avec la campagne qu'elle dirige perpétuellement contre nous en Égypte, où notre position est précisément analogue à la sienne à Tunis[1], si ce n'est que nous n'avons pas encore déclaré notre protectorat sur l'Égypte.

La France n'a eu aucun égard pour nous dans ses entreprises à Madagascar, et elle a ruiné nos rapports avec cette île. Elle a déchiré notre traité anglo-congolais pour en substituer un autre à sa façon. Elle refuse d'aplanir le différend de Terre-Neuve, et paie des primes exagérées aux pêcheurs français pour leur faire traverser l'Atlantique, et maintenir quelques droits insignifiants, — insignifiants pour la France mais

---

1. Les paroles suivantes furent lues par M. Jules Ferry, alors premier ministre de France, au Sénat et à la Chambre des députés en mai 1881 :

« La République française a répudié solennellement, en commençant cette expédition, tout projet d'annexion, toute idée de conquête : elle renouvelle, à cette heure où le dénouement est proche, les mêmes déclarations. »

Il était également entendu par le traité du Bardo que l'occupation de Tunis « cesserait quand les autorités françaises et tunisiennes auront reconnu d'un commun accord que l'administration locale est en état de garantir le maintien de l'ordre ».

M. Barthélemy Saint-Hilaire donnait à notre ambassadeur, lord Lyons, l'assurance que le gouvernement français n'avait certainement pas l'intention d'annexer Bizerte où toute autre partie de la Tunisie.

très vexatoires pour le peuple de Terre-Neuve.

Si j'ai rassemblé ces accusations, c'est moins dans le but d'accuser que d'expliquer une situation que nous déplorons profondément d'avoir vue naître. Le peuple français n'a pas plus besoin d'une guerre que nous-mêmes. Il est triste de penser qu'il pourrait y être entraîné à la légère par des hommes d'État incompétents. S'il existait en France quelque chose comme une opinion (en dehors de l'opinion de la presse), — si les Français mal informés pouvaient connaître la situation réelle! Mais les journaux quotidiens de Paris monopolisent toutes les sources d'information et faussent l'esprit de leurs lecteurs. Il n'y a aucune chance qu'un seul mot soit dit pour la justification de l'Angleterre. Le désespérant de l'affaire, c'est que nous pourrions être précipités dans une guerre que chacune des deux nations eût voulu éviter à tout prix. Elle peut être évitée si le gouvernement français comprend que la limite des concessions est atteinte. Si cela n'est pas compris, la *perfide Albion* paraîtra plus perfide que jamais[1].

1. Rien de plus topique que la conclusion du discours de M. Chamberlain à la Chambre des communes le 24 février dernier. « Le gouvernement et le pays, disait-il, s'unissent dans la détermination de montrer l'esprit le plus conciliant en traitantdes matières controversées, et d'être même prêts à des concessions sur ce qu'ils estiment leurs droits, afin de garder l'amitié d'une nation avec laquelle ils désirent rester dans les meilleurs termes. D'autre part, ils ne permettront pas que les intérêts importants de ce pays soient sacrifiés. »

APPENDICE I

M. de Pressensé, dans ses articles du *Nineteenth Century* et du *Daily Mail* ne s'appuie sur aucun argument pour justifier la position des Français dans le pays de Borgu. Il se borne à calomnier M. Chamberlain, qu'il représente comme un adversaire de lord Salisbury. Il nous avoue naïvement qu'il a recueilli ses informations, à cet égard, dans les colonnes de la presse anglaise de l'opposition : le *Speaker*, le *Westminster Review*, le *Daily Chronicle* et le *Daily News*. A cela, rien d'étonnant, toute la « raison d'être » de ces journaux étant de mener une campagne contre le cabinet et de s'efforcer de le renverser.

Je me plais à croire qu'un publiciste étranger est tenu d'admettre la solidarité d'un ministère étranger. Il ne m'arriverait, certes! jamais de représenter M. André Lebon comme « l'adversaire » de M. Méline. La vérité est que M. Chamberlain, comme ministre des Colonies, a été obligé de protéger les colonies anglaises de l'Ouest Africain contre les incursions sans pareilles des Français, et de là l'inimitié qui le poursuit.

Il n'y a, comme je l'ai dit, dans l'un ou l'autre des articles de M. de Pressensé, pas un mot de justification au sujet des envahissements français, si ce n'est que l'Hinterland du Lagos — pas du Dahomey — a été évidemment laissé ouvert pour « une mêlée générale ».

APPENDICE II

LETTRES ADRESSÉES L'ANNÉE DERNIÈRE PAR LE ROI DE BOUSSA A LA COMPAGNIE DU NIGER LORSQU'IL VIT SON PAYS ENVAHI PAR LES FRANÇAIS.

Refus d'accepter le drapeau français.

1° Extrait d'une lettre adressée par le lieutenant Barton (commandant les détachements au fort Goldie), au Gouverneur de la Compagnie du Niger. Cette lettre est datée du 12 février 1897 — c'est-à-dire à une époque où la campagne contre les Fulahs n'était pas achevée. Cette lettre ne parvint à sir George Goldie qu'après la capture de Ilorin, les forces britanniques ayant été quelque temps entourées de tous côtés par l'ennemi :

« Le roi de Boussa (écrit le lieutenant Barton) vient de m'envoyer un messager pour me demander ce qu'il doit faire. Il dit qu'une partie de l'expédition (française) partie d'Ilo est actuellement à Boussa... Il déclara aux Français qu'il n'avait rien à faire avec qui que ce soit en dehors du personnel de la Compagnie. Les officiers lui montrèrent leur drapeau et, pour réplique, le roi leur montra le drapeau de la Compagnie. J'ai envoyé au roi un mot de réponse lui disant que j'ai donné communication de ces nouvelles à la Compagnie, que ce qu'il avait de mieux à faire c'était de se tenir tranquille et de ne plus rien dire jusqu'à ce qu'il reçoive des informations de vous. »

2° Extrait d'une lettre du lieutenant Barton à sir G. Goldie, à la date du 15 février : — « Un autre messager du roi de Boussa est arrivé hier pour dire que l'expédition étrangère refuse de quitter Boussa. »

Fidélité du roi aux Anglais.

3° Extrait d'une lettre du lieutenant Barton à sir G. Goldie, en date du 21 février : — « En arrivant à Boussa, ils (les officiers français) allèrent chez le roi, et lui demandèrent de leur donner des terrains à Boussa pour y élever des constructions. Le roi refusa, et dit qu'il n'avait nul pouvoir de leur donner des terrains, que Boussa appartenait aux Européens d'Egga (la Compagnie du Niger). En entendant ceci, le chef de l'expédition dit au roi que s'il ne permettait pas de construire, on brûlerait sa maison de fond en comble et, qu'on l'expulserait de la ville. En réponse le roi montra le drapeau de son prédécesseur, et un papier qui avait été donné à ce roi défunt par la Compagnie. Les Européens étrangers examinèrent ce papier et, alors, ils quittèrent la maison du roi. »

4° Extrait d'une lettre du lieutenant Barton à Leaba, un fort plus avancé au nord que le fort Goldie et plus proche de la ville de Boussa. Cette lettre, datée du 15 mars, est adressée au Gouverneur et au Conseil : — « Il m'est arrivé hier un messager du roi de Boussa pour me demander quand M. Watts arrivera, et me dire qu'il a une vive impatience de le voir afin de déloger les Français. »

Demande de secours contre les Français.

5° Extrait d'une lettre du capitaine Anderson (Leaba, 6 avril) à M. Watts : — « Un messager est arrivé ici de la part du roi de Boussa et déclare ce qui suit : — Le roi est l'ami de la Compagnie, et il lui demande de le soutenir contre les Français. Il a refusé d'avoir rien à faire avec eux, mais ils le harcèlent continuellement. Il leur a dit que

la Compagnie est le seul homme blanc qu'il con-
naisse, et que M. Watts est son ami. Il dit qu'il
n'a pas demandé aux Français de marcher avec
lui contre Quarra[1], mais ils dirent que s'il ne
voulait pas les emmener ils entreraient à Boussa,
et s'empareraient de la ville lorsque le roi la
quitterait pour la palabre. Il a peur que vous
ne pensiez qu'il parle de deux bouches à la
fois... mais il est votre ami, etc., etc. et il espère
que vous lui enverrez bientôt un message, son
cœur étant en peine de vous, etc., etc. J'ai dit au
messager que je vous mettrais au courant et que
vous passeriez probablement par ici bientôt.
Ayant reçu cette information le messager s'en
retourna vers le roi de Boussa. »

Un aventurier sans scrupules.

6° Extrait d'une lettre de l'officier Watts (Leaba,
10 mai) au Gouverneur et au Conseil : — « On me
rapporte que les Français sont retournés à Boussa
il y a une dizaine de jours environ. Les indigènes
disent que les Français à Wawa vendent à présent leurs captifs en échange de moutons et de

1. Ceci se reporte à une expédition que faisait le roi contre
une tribu insurgée qui avait causé beaucoup d'inquiétude
à son peuple. Les officiers français insistaient pour accom-
pagner le roi.

mulets. Après la prise de cette ville tous les soldats français furent autorisés à s'emparer chacun
soit d'un garçon soit d'une fille. L'officier commandant prit deux filles pour lui, et les deux
autres officiers en prirent aussi chacun une. Il
semblerait, d'après cela, que les idées du lieutenant de vaisseau Bretonnet au sujet des excursions ressemblent beaucoup à celles que les
Fulanees appliquèrent à Bida, tout récemment
encore. »

Demandes ultérieures de secours
contre les envahisseurs.

« J'ai rencontré ici les messagers du roi de
Boussa avec un cadeau de 2 chevaux pour la
Compagnie. Il dit qu'il a maintenant les mains
liées ; mais il ne veut pas des Français qui sont
réellement pour lui des étrangers, tandis que les
gens de Boussa ont eu affaire à la Compagnie
depuis le temps de Mac Intosh et n'ont connu
que les Anglais dès l'origine. D'abord le capitaine
Glover et ensuite les employés de la Compagnie.
Il s'en tient toujours à l'arrangement que son
prédécesseur a conclu avec nous. Je n'ai pas reçu
le cadeau et j'ai dit au messager d'informer le roi
que, tout en restant toujours ses amis, nous n'aurions aucune relation avec lui aussi longtemps

que les Français seraient là, parce que nous avions
renvoyé la question au gouvernement de la reine
et que nous attendions la réponse. »

Le traité de Boussa.

Nous maintenons que nous avons acquis des
droits sur les pays au nord du neuvième parallèle et au sud de Say, — c'est-à-dire les pays de
Boussa, Borgu, Gando et Gurma, — par des traités
directs datant de 1885, 1890 et 1894. Boussa fut
définitivement placée sous le protectorat anglais
par le traité suivant daté du 20 janvier 1890 :

Traité conclu et arrêté entre l'Émir et les chefs de
Boussa (ou Borgu) pour leur compte et celui de tous
leurs successeurs à venir, et pour le compte de la
Compagnie royale du Niger (Limited) par la suite
dénommée la Compagnie, et de ses successeurs et
fondés de pouvoir.

Nous l'Émir et les chefs de Boussa (ou Borgu) as-
semblés en conseil, représentant notre pays, ses dépen-
dances et tributaires sur les deux rives du fleuve
du Niger et aussi loin en arrière que s'étend notre
domination, nous consentons par le présent traité pour
notre compte et celui de nos successeurs désormais :

1° A observer fidèlement l'arrangement réglé entre
nous et la Compagnie (connue alors sous le nom de
Compagnie nationale africaine, limited) et daté du
12° jour de novembre 1885.

2° A assurer à la Compagnie une pleine et absolue

juridiction sur tous les étrangers dans nos territoires, c'est-à-dire sur toutes les personnes se trouvant à l'intérieur de nos territoires sans être nos sujets nés. Cette juridiction impliquera le droit de protection de ces étrangers, d'impôts sur ces étrangers, et d'administration de la justice politique, civile et criminelle sur ces étrangers.

3° A ne céder en aucun temps aucune partie de notre territoire à aucune autre personne, ou État, ni à entrer dans aucune entente, traité ou arrangement, avec aucun gouvernement étranger excepté par l'intermédiaire et avec le consentement de la Compagnie; ou si, à certain moment, la Compagnie le désirait, avec l'assentiment du Gouvernement de Sa Majesté, la Reine de Grande-Bretagne et d'Irlande et Impératrice des Indes.

La Compagnie du Niger de son côté accepte de payer à l'Émir de Boussa (ou Borgu) une somme annuelle de cinquante *sacs*, valeur indigène, en toute sorte de marchandises devant être prises à la valeur en cours de l'endroit où et quand le paiement sera fait.

Pour la Compagnie royale à charte du Niger (Limited),

Signé : WILL. LISTER.

(Signatures de l'Émir et des chefs.)

Fait en triple à Boussa, le 20e jour de janvier 1890.

M. William Lister, le négociateur de ce traité. était un natif de Birmingham qui, après avoir étudié la médecine, vint dans l'Afrique occidentale et entra dans l'état-major de la Compagnie du Niger. C'était un homme extrêmement capable, et durant quelques années il remplit les fonctions de commandant en chef. Le pays de Boussa est situé à l'ouest du Niger. La rivière forme sa limite à l'est et au sud, il confine au pays de Ilorin, qui est situé en dedans du neuvième parallèle. Boussa est, ainsi, l'État le plus septentrional sur la rive ouest du Niger dans son cours navigable.

Au nord de Boussa se trouve l'État de Gando, l'un des principaux États feudataires du Sokoto. Comme tel, la Compagnie du Niger le revendique dans sa sphère d'influence, mais, pour rendre « son assurance doublement sûre », la Compagnie a conclu un traité séparé avec le sultan du Gando. La ville capitale du Gando est à l'est du Niger, mais le territoire du sultan du Gando s'étend des deux côtés du fleuve. C'est le point de vue officiel en Angleterre, ainsi qu'il est indiqué par les mots en *italique* dans le passage suivant d'une dépêche écrite en 1892 par lord Salisbury, dans laquelle le ministre des Affaires étrangères rend hautement hommage à l'œuvre de la Compagnie du Niger :

« Sans recourir aux fonds impériaux, sans sacrifier la vie d'un seul soldat anglais, la Compagnie royale du Niger a placé sous la protection de la Couronne tout le Yola Inférieur, une grande partie du Niger Central et son affluent, le Benué, jusqu'à Yola. La Compagnie

a conclu des traités avec le puissant sultan du Sokoto
et avec le sultan du Gando, *dont le pouvoir s'étend sur
de vastes territoires des deux côtés du Niger*. Le long
des rivières, il a été établi une administration effective et la sécurité est maintenue par des patrouilles
de police et de bateaux à vapeur. »

Ces documents ont été publiés d'abord dans le Saint-
James's Gazette de Londres du 18 mars 1898.

12